# 새빨간 거짓말 상담소

라이라이 라이온의

글·그림 권재원 · 감수 김민화

웅진주니어

## 차례

좋아하는데 안 좋아한다고 거짓말했어  8

속상한데 아무렇지도 않다고 거짓말했어  12

시험 못 본 걸 숨기려고 거짓말했어  16

번지 점프 했다고 거짓말했어  20

떡볶이가 싫은데 좋다고 거짓말했어  24

부탁이 부담스러워서 거짓말했어  28

친구를 믿지 못해서 거짓말했어  32

다투기 싫어서 거짓말했어  36

거짓말이 아닌데 거짓말이래  40

자꾸 캐물어서 거짓말했어  44

내 말을 듣게 하려고 거짓말했어  48

부모님을 실망시키기 싫어서 거짓말했어  52

관심 끌려고 거짓말했어  56

장난으로 거짓말했어  60

못 하는데 할 수 있다고 거짓말했어  64

친구를 독차지하고 싶어서 거짓말했어  66

샘이 나서 거짓말했어  70

재미있는 이야기를 지어낸 건데 거짓말이래  74

거짓말한 걸 숨기려고 계속 거짓말했어  78

말 안 하는 게 거짓말은 아니잖아?  80

내가 안 그랬다고 거짓말했어  84

내 것이 별로여서 거짓말했어  88

어쩔 수 없어서 거짓말했어  92

하지 않았는데 했다고 거짓말했어  96

거짓말을 한 친구는 망신 주어도 괜찮을까?  100

『라이라이 라이온의 새빨간 거짓말 상담소』 감수를 마치며  104

작가의 말  106

입만 열면 거짓말을 해서 '라이온'이란 이름이 붙었습니다.
이 이름에는 lie(라이 - 거짓말)+ on(온 - 켜지다) = 라이온,
'거짓말이 켜지다.'라는 심오한 뜻이 담겨 있어요.
라이온은 거짓말하는 아이들의 속마음을 잘 읽어요.
앗, 하지만 거짓말을 하지 않는 아이들의 속마음은
잘 읽지 못한답니다.

처음부터
거짓말을 하려던 건
아니었어.

이제…
어떻게 하지?

앗, 어디선가
마음의 소리가 들린다.
친구들아, 기다려!
라이라이 라이온이
지금 간다네.

아, 답답해.

나도 모르게
거짓말이 불쑥
튀어나왔지.

거짓말 때문에 답답해?
그렇다면 라이온을
불러 보렴.

# "좋아하는데 안 좋아한다고 거짓말했어"

수아 귀엽다.

수아를 좋아하는데, 내 마음을 숨기려고 거짓말했어. 부끄럽기도 하고, 수아가 나를 안 좋아할 수도 있으니까……. 아, 수아랑 친해지고 싶다.

원하는 대로 되지 않는다고 해서 두려워하지 마.
부끄럽고 속상할 수 있지만,
솔직하게 네 마음을 표현하는 용기가 중요한 거지.
다른 사람들이 어떻게 생각할지 걱정하지 말고,
네 마음을 먼저 봐.

거짓말로 마음을 숨기는 대신,
차근차근 다가가 볼까?

친해지고 싶다면
친구가 뭘 좋아하는지 살펴보고,
좋아하는 것을 같이 해 보자.

### 라이온의 선물

## " 퐁퐁 제기 "

친구와 함께 찰 때마다 우정이 퐁퐁 샘솟는다.
백 개를 연속으로 차면 코에 반짝반짝 불이 들어온다.

같이
제기차기할래?

와,
제기 멋지다.

# "속상한데 아무렇지도 않다고 거짓말했어"

무시란 싫은 걸 억지로 참는 게 아니라
싫은 대상이 내게 아무런 영향을 줄 수 없다는
확신을 가지는 거지.
나를 무는 모기는 무시하기 힘들지만 모기장 밖에 있는
모기는 무시할 수 있는 것처럼 말이야.

# "시험 못 본 걸 숨기려고 거짓말했어"

그러면 자신감이 생기고 내가 못하는 것에 대해서도
덜 속상하고 덜 부끄러워하게 돼.

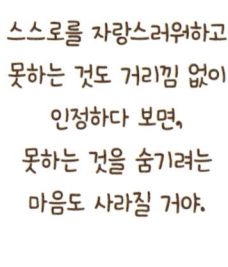

### 〃 단 하나 색종이 〃

세상에 하나밖에 없는 색종이.
무늬도 색도 오직 하나!
물에 젖어도 찢어지지 않기 때문에
여러 장을 이어서
커다란 종이배를 만들면
바다에서도 탈 수 있다.

# " 번지 점프 했다고 거짓말했어 "

어둑한 방에서 등불을 켜고 흥미진진한 모험 책을 읽는 걸로 시작해 볼까? 그리고 친구들에게 책을 읽고 생각한 것을 이야기해 주는 거야.

 라이온의 선물

## "모험 반짝 등불"

모험심이 강해질수록
불도 더 밝아진다.
멋진 모험 책을 읽거나
공상을 펼칠 때는
작은 태양처럼 빛난다.

스위치를 한 번 당기면
불이 들어오고
두 번 당기면 꺼진다.

# "떡볶이가 싫은데 좋다고 거짓말했어"

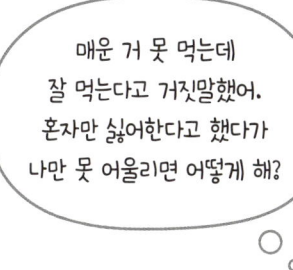

"너무 맛있다. 이런 걸 먹고 싶었어."

"네가 매운 음식 못 먹는 걸 친구들이 모르면 또 매운 거 먹으러 가게 될 수도 있잖아."

"또 매운 거 먹기는 싫은데……. 생각만 해도 혀가 아픈걸."

"거짓말로 내 모습을 숨기다 보면 싫은 상황이 반복될 수 있어. 친구에게 솔직하게 나에 대해 알려 줘야 서로 좋아하는 것을 맞추고 싫어하는 것을 피할 수 있지."

서로에 대해 이해하면 더 편하고 즐겁게 지낼 수 있단다.

나도 친구가 뭘 좋아하는지 알고 싶어. 그래야 좋아하는 걸 해 줄 수 있으니까.

라이온의 선물

## " 요술 맛 도넛 "

다 달콤해 보이지만,
단맛 외에 신맛, 짠맛, 쓴맛,
떫은맛이 나는 도넛도 있다.
여러 가지 맛 도넛을 친구들과
같이 먹으며 서로 좋아하는 맛과
싫어하는 맛에 대해
알아 갈 수 있다.

## 부탁이 부담스러워서 거짓말했어

부탁을 거절하려고 거짓말했어.
따지고 보면 그렇게 어려운 부탁도 아니긴 해.
친구라면 그 정도 부탁은 들어줄 수도 있겠지.
처음에는 부탁 들어주는 게 싫지 않았는데,
계속 부탁하니까 이제는 너무 싫어.
그렇다고 거절하면 쩨쩨하다고 여길까 봐
신경 쓰여.

그건 막무가내로 부탁하는 거니까, 더욱 확실하게 거절해야지. 너를 배려하지 않는 상대의 부탁에 휘둘리지 말자.

그래, 해 볼게!
"이번엔 네 부탁을 들어주기 어려울 것 같아."라고.

남에게는 사소한 것일지라도 내게는 부담스럽고 싫은 경우가 많아. 내가 기꺼이 들어줄 수 있는 범위를 넘어가면 확실하게 싫다고 말하렴.

### 라이온의 선물
## " 부탁 거절 손 "

부탁을 거절해야겠다는 마음이 들 때 상자를 쥐고 있으면 저절로 튀어나온다.
거절한다는 말을 보고도 계속 부탁하면 집게 팔을 마구 흔들며 부탁 거절 사인을 펄럭인다.

부탁을 정중하게 거절합니다.

# "친구를 믿지 못해서 거짓말했어"

저, 미안한데……. 천 원만 빌려줄래?

나 돈 없어.

친구가 돈 안 갚을까 봐 거짓말했어.
예전에 다른 친구한테 빌려줬는데 못 받았거든.
그래도 그냥 빌려줄걸 그랬나?
돈 안 빌려주려고 거짓말한 건 너무 치사하긴 하지.

아, 비가 오네.

## 『 약속증과 도장 』

친구가 약속한 날까지 돈을 갚으면
'약속'이란 글씨가 무지갯빛으로 빛난다.

# "다투기 싫어서 거짓말했어"

말로 표현하는 게
어렵다면 효과적으로
네 생각을 보여 주는 방법을
생각해 보자.

내가 생각한 걸 그려서 보여 줄래.
나뿐 아니라 다른 친구들도 같이 보면서
생각할 시간을 가질 수 있을 거야.

## 라이온의 선물

### " 생각 이젤과 스케치북 "

생각을 글과 그림으로 표현할
스케치북과 스케치북을
올려놓을 이젤.
생각이 많이 표현될수록
이젤의 이파리가 무성해진다.

# 거짓말이 아닌데 거짓말이래

문제 많이 풀었어?

네, 많이 풀었어요.

끼악!

고작 3문제 풀고 많이 풀었다고 거짓말했네. 별로 100문제 풀어.

## 숫자 젤리

새콤달콤 숫자 젤리를 먹으면
정확하고 구체적인 표현을 쓰게 된다.
단, 너무 많이 먹으면 지나치게
정확하게 말하려고 한 나머지
아무 말도 못 할 수도 있다.

# "자꾸 캐물어서 거짓말했어"

남자 친구 있니?

없어요.

없다고 했는데 왜 또 물어봐요?

다들 남자 친구 있다는데 너는 진짜 없어?

사실 남자 친구 있는데, 자꾸 묻는 게 싫어서 거짓말했어. 잘못한 건 아니고 부끄럽지도 않지만 그냥 말하기 싫어. 가만히 좀 내버려 두면 좋겠는데, 왜 자꾸 묻는 걸까? 진짜 싫어.

열지 마시오. 일급 비밀

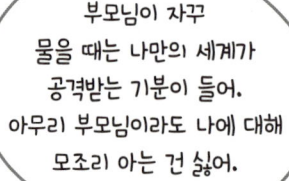

부모님이 자꾸 물을 때는 나만의 세계가 공격받는 기분이 들어. 아무리 부모님이라도 나에 대해 모조리 아는 건 싫어.

부모님이 꼬치꼬치 묻는 건 네 생각과 행동을 다 알아야 안전하다고 여기기 때문이야.

그러나 누구나 자신만의 세계가 안전하다고 여길 때 평화를 누릴 수 있지. 자기만 간직하고 싶은 것이 있는 법이니까. 이걸 자꾸 캐묻는 사람에게 보여 주렴.

## " 보아라 두루마리 "

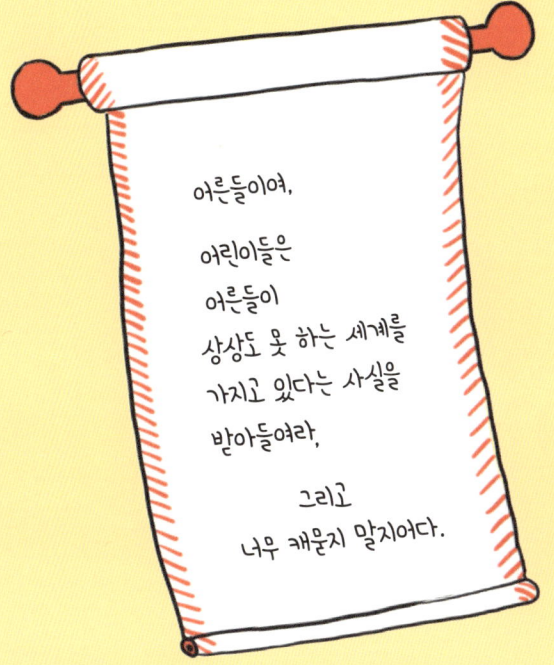

어른들이여,

어린이들은
어른들이
상상도 못 하는 세계를
가지고 있다는 사실을
받아들여라.

그리고
너무 캐묻지 말지어다.

자꾸 간섭하고 꼬치꼬치 캐묻는 어른이 나타나면
저절로 촤르르 펼쳐진다.
두루마리를 버리려는 어른들도 있겠지만
어른들의 손에는 잡히지 않는다.

# " 제안 열매 "

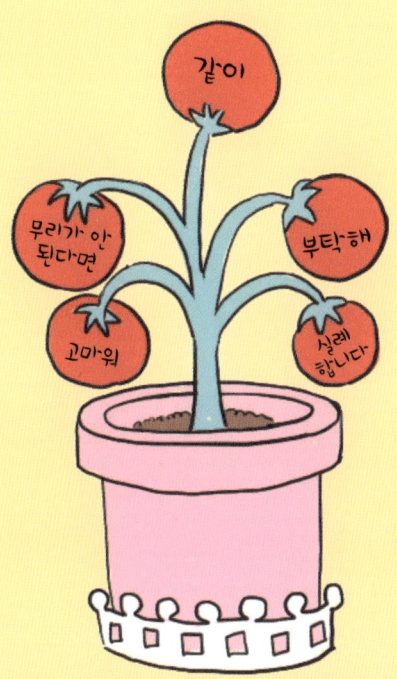

제안을 할 때 쓰면 좋은 말이 열리는 나무.
상대에게 제안을 하면서 맛있는 열매를 나눠 먹는다.
공손하고 상냥한 말을 많이 쓸수록 더 많은 열매가 열린다.

# "부모님을 실망시키기 싫어서 거짓말했어"

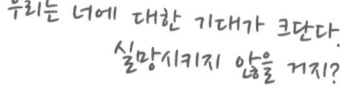
우리는 너에 대한 기대가 크단다. 실망시키지 않을 거지?

이번 시험 잘 봤니?

네.

네.

학원은 싫고 시험은 완전히 망쳤어.
하지만 아빠 엄마를 실망시키고 싶지 않아서
거짓말을 했어.
그런데 내가 거짓말한 걸 알면 진짜 실망하시겠지.
아, 부모님이 기대를 너무 많이 하니까 힘들어.

윽, 무거워.

**라이라이 라이온**이
지렛대를 가져왔다네.
거짓말로 부모님의 기대를 맞추려 하면 부모님은
네 진짜 모습과는 다른 모습을 기대하게 될 거야.
그럼 더 많은 거짓말을 하게 돼.
그건 너무 힘들지 않을까?

> 공부하는 것보다
> 식물 키우는 걸 좋아해요.
> 앞으로 식물 키우는 일을 하고 싶어요.
> 그러니 얼마나 멋진 농부가 될지
> 기대해 주세요.

## 라이온의 선물 　 " 상쾌 식물 "

갑갑할 때 향기를 맡으면
머리가 맑아지고
앞으로 어떤 미래를
꿈꿀지 생각도 정리된다.

# "관심 끌려고 거짓말했어"

연예인도 못 봤고 배도 안 아파. 관심 끌려고 거짓말한 거야. 거짓말이라도 하지 않으면 아무도 나에게 신경 안 쓰는걸. 그런데 배 아픈 척 누워 있으니까 지겹네.

**라이라이 라이온**이 재미있는 것을 한다네. 두 손 사이로 발을 넣어서……

뭘 저렇게 열심히 하지?

관심을 받고 싶다면 네가 좋아하는 것을 열심히 하렴.
좋아하는 것을 열심히 하다 보면, 그런 네 모습에 관심을 가지는 사람이 생겨.
게다가 좋아하는 것에 집중하면 나 자신이 너무 즐거워서
남이 관심을 보이든 안 보이든 신경을 쓰지 않게 되지.

## "흥미진진 카멜레온 책"

흥미를 가지는 순간,
그 내용으로 변하는 책.
실뜨기에 흥미가 사라지고
동물에 관심이 생기면
동물책으로 바뀐다.

# 장난으로 거짓말했어

상대도 함께 즐거워야 장난인 거야.
나만 재미있고 상대가 싫어하면 괴롭힘이지.
모두 함께 재미있는 걸 하렴.

## " 모두 함께 신나 게임 "

라이온이 개발한 보드게임.
커다란 게임판 위에 직접 올라가서 이동한다.
라이온의 모습을 본뜬 사자상과 동전, 주사위가 들어 있다.

*부작용 – 게임하기 전보다 더 재미없어질 수 있다.

# 못 하는데 할 수 있다고 거짓말했어

"어려우면 내가 도와줄까?"

"나도 다 알아. 혼자 할 수 있거든."

"으으, 도무지 못 하겠다. 하나도 모르겠지만 도움 받기 싫어서 거짓말했어. 도움 받으면 혼자 한 게 아닌 게 되잖아. 그건 자존심 상해. 이게 뭐람……."

**라이라이 라이온**이 도와주러 왔단다!

"나 혼자 할 수 있다니까!"

우리는 모두 서로를 돕고 도움을 받으며 살아가. 도움을 받는 것은 살아가는 법을 배워 가는 거란다. 도움을 받고 혼자서도 잘하게 되면 그때 너도 다른 사람들을 열심히 도와주는 건 어떨까?

## " 도움 손 "

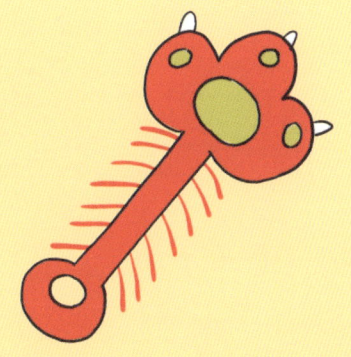

내가 도움을 받아야 할 때나
남에게 도움을 줄 때 내민다.
도움 받지 않고 혼자 잘하게 되면
우렁찬 박수 소리가 난다.

# 친구를 독차지하고 싶어서 거짓말했어

라이라이 라이온이 최고의 친구가 되는 방법을 알려 주겠도다.

진짜 좋은 친구는 상대를 내 마음대로 하려 하지 않아. 친구가 다른 아이들과 즐거운 시간을 보낼 기회를 빼앗지도 않지.

진이가 나보다 다른 애를 더 좋아하면 어떻게 해?

다른 아이와 더 친해질까 봐 불안해하면서
억지로 독차지하려고 하면 오히려
상대방이 너를 피하려 할 수도 있어.

정말 좋은 친구라면 새로운 친구가
생겼다고 해서 우정이 깨지지 않아.
다 같이 즐거운 시간을 보내다 보면
너에게도 좋은 친구들이 많이 생길 거야.
진이와도 여전히 친하게
지내면서 말이야.

## 　　 하하하 줄넘기

친구들과 함께 어울려 뛰면 하하하 웃음소리가 난다.
뛰는 사람이 많아지면 줄이 쭉 늘어난다.
최대 백 명까지 함께 줄넘기를 할 수 있다.

# 샘이 나서 거짓말했어

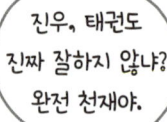

거짓말로 상대를 깎아내리는 것도 반칙이야.
정정당당하게 실력으로 겨루는 것이 아니니까.
게다가 아무리 거짓말을 해도 진짜 실력이
나아지지는 않는다고.

난 구르기를 잘하니까 구르기를 계속 연습해야지.

## 💬 샘 없는 연습 파트너 💬

구르기를 같이 연습할 수 있는 애완 공벌레.
누구의 시선도 신경 쓰지 않고 매일 공처럼 몸을 말고
구르기를 하기 때문에, 좋은 연습 친구가 된다.

공벌레도 구르는
재주가 있다.

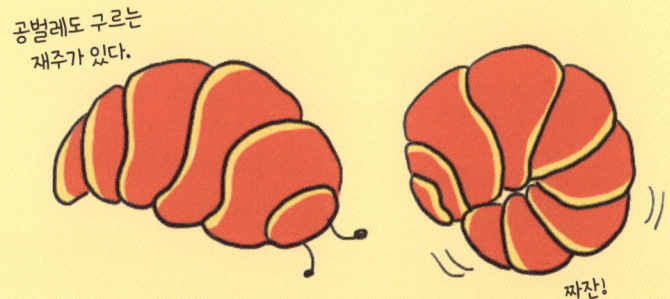

짜잔!

# " 재미있는 이야기를 지어낸 건데 거짓말이래 "

오늘 밤 유령이 네 콧구멍 속으로 들어갈 거야.

엄마, 형이 유령이 내 콧구멍으로 들어온대.

거짓말하지 마.

코브라가 내 리코더에 맞춰 춤을 췄어.

동화도 영화도 다 지어낸 건데 거짓말이라고 안 하잖아. 나도 이야기를 지어낸 것뿐인데 왜 거짓말이라고 하지? 대체 뭐가 다른 거야? 내가 현관 깔개를 하늘을 나는 양탄자라고 하면 거짓말인가? 하지만 그런 동화도 있잖아.

거짓말은 사실을 숨기는 게 목적인데,
이야기는 사실을 숨기는 게
목적이 아니야.

좋은 이야기는 지어낸 거라는 걸 아는 데도
진짜처럼 여겨지지. 그래서 이야기를 들으면서
상상력도 키우고 보통 때 못 느끼는 감정도
느낄 수 있는 거야.

지어낸 거라고 말해도 다들
진짜처럼 느끼게 만드는
멋진 이야기를 써 보렴. 어떤
이야기가 나올지 궁금해.

## " 불사조 깃털 펜 "

라이온은 진짜 불사조의 깃털로 만들었다고 하지만 거짓말일 확률이 높다. 불사조 깃털이든 아니든, 깃털 펜을 사용하면 멋진 이야기가 술술 써진다.

# "거짓말한 걸 숨기려고 계속 거짓말했어"

"준비물 사야 해서 오천 원이 필요해요."

"어떤 준비물?"

"색연필이요."

"얼마 전에 사 줬잖아."

"벌써 다 썼어요."

사실은 반지 사고 싶은데
돈이 없어서 거짓말했어.
그런데 엄마가 계속 물어보니까
거짓말을 하게 된 거야.
엄마한테 너무 미안하고 마음이 불편해.
거짓말한 거 들키면 어떻게 하지?
또 거짓말을 해야 하나?
내가 한 거짓말에 내가 갇혔어.
너무 갑갑해.

**라이라이 라이온**이
갑갑한 거짓말 껍데기를
부수러 왔다네.

거짓말을 없애는 방법은
솔직하게 털어놓는 거야.
혼날 수도 있지만 네가 얼마나
미안해하고 후회하는지 말하면
용서받을 수 있단다.

아주 특별한 걸 줄게.
눈 감아 봐.

으, 긴장된다.

## 라이온의 선물

### " 뿌셔뿌셔 거짓말 "

아무리 단단하고 겹겹이 쌓인
거짓말도 한 방에 부숴 버린다.
휘두르려면 어마어마한 용기가
필요하기 때문에 두 손으로 망치를
꽉 잡으면 망치가 '힘내!' 하고
응원해 준다.

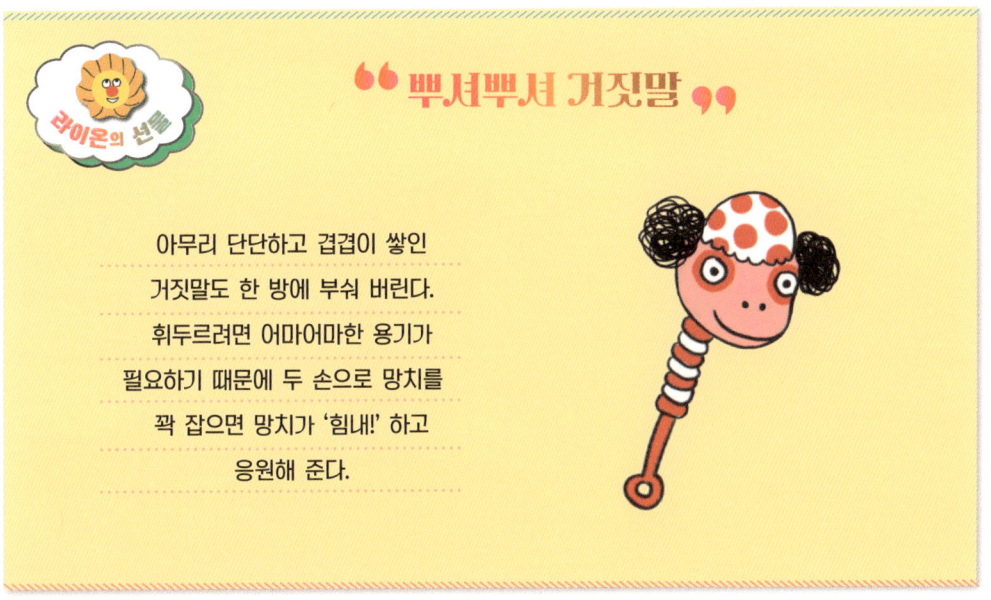

# "말 안 하는 게 거짓말은 아니잖아?"

받아쓰기는 잘 봤지만 수학 시험은 못 봤어. 청소는 딱 10분만 하고 운동장에서 친구랑 한 시간 놀았어. 거짓말을 한 건 아니니까 완전히 속인 건 아니지. 헤헤. 수학 시험지는 땅에 묻어 버렸어. 아무도 모르겠지.

**라이라이 라이온**이 지켜보고 있도다.

거짓말쟁이 대환영

엇, 그래도 난 거짓말은 안 했어.

## 해피 라이온 메모지

차마 하지 못한 말을
메모지에 적어 보자.
솔직한 마음이 메모를 읽는 사람의
마음을 조금 말랑말랑하게
만들어 줄 테니까.

# " 내가 안 그랬다고 거짓말했어 "

누가 기린 지우개 부러뜨렸지?

나 아니야.

누가 케이크 다 먹었지?

난 아니야.

사실 내가 기린 지우개 목을 부러뜨렸고 케이크도 다 먹었어. 일부러 그런 건 아니야. 기린은 잘 지워지는지 보려고 살살 문질렀는데 부러졌고, 케이크는 조금만 먹으려고 했는데 야금야금 먹다 보니 다 먹어 버렸어. 케이크를 잔뜩 먹으니 힘이 펄펄 나네.

무거운 것을 들려면 힘이 있어야 하는 것처럼,
잘못을 인정하는 것도 힘이 있어야 해.
잘못을 인정하고, 사과하고,
고치는 힘이야말로 진짜 대단한 힘이야.

난 잘못을
인정하지도, 사과하지도,
고치려고 하지도
않았어.

너도 힘이 있어.
아직 끄집어낸 적이
없을 뿐이야.

자, 배에 힘을 딱 주고 잘못을 인정해 보자.

내가 기린 지우개 목을 부러뜨렸어. 진짜 미안해. 다음부턴 조심할게. 케이크도 내가 다 먹었어. 앞으로는 혼자 욕심부리지 않고 꼭 나눠 먹을게.

라이온의 선물

## " 용기 빽빽 벨트 "

벨트를 배에 차고 별을 두 손으로 누르면
힘들거나 싫은 것도 똑바로 마주할 수 있는 힘이 난다.

# 내 것이 별로여서 거짓말했어

사실 친구가 웃기는 하마라고 한 게 내 거야. 하마가 아니라 조랑말 만든 거야. 애들이 못 만들었다고 할까 봐 내 건 없다고 거짓말한 거야. 멋지게 만들고 싶은데, 어떻게 해야 좋을지 모르겠네.

잘 된 것을 보여 주려는 마음은 중요하지만
부족한 것을 보여 주는 용기도 필요해.
부족한 것을 보여 주어야 다른 사람의 의견을 들을 수 있고
더 좋게 만드는 방법을 찾을 수 있거든.

## 짠잔 이름표

자기가 만든 것에 붙이면
자랑스러운 마음이 든다.
어두운 곳에서는 야광처럼 빛이 난다.
처음 보는 사람을 만날 때는
명찰처럼 가슴에 달 수도 있다.

# "어쩔 수 없어서 거짓말했어"

 ## "시원 따끈 목도리"

여름에는 시원하고
겨울에는 따뜻한 목도리.
목도리를 두르면 나의 싫은 부분도
마주할 수 있는 힘이 난다.
괴로울 때 목도리를 두르면
마음이 편해진다.

## "하지 않았는데 했다고 거짓말했어"

줄넘기 한 번도 안 걸리고 백 번 한 사람만 포도 스티커 받아 가세요.

헉, 백 번!

잠시 후

백 번 다 했어요.

59, 60, 61……. 으, 배도 아프고 다리도 아파.

네가 중요하게 여기는 시험을 열심히
준비했는데, 맨날 놀기만 한 친구가
속임수를 써서 너보다 시험을 잘 보면 어떨까?

"으악, 생각만 해도 열 받네. 치사한 속임수 때문에 내 노력이 우습게 되잖아."

거짓말로 스티커를
받은 것도 진짜로 백 번 넘은
친구의 노력을 우습게
만든 거 아닐까?

"아…"

노력 안 하고 거짓말로 해결해도
될 만큼 하찮은 일은 없단다.

"스티커 스스로 반납. 진짜로 백 번 하고 가져가야지."

## "공든 탑"

공들여 힘든 일을 해내면
한 칸씩 둥근 돌이 생기면서
높아진다.
거짓말로 대충 넘어가면
와르르 무너진다.

# "거짓말을 한 친구는 망신 주어도 괜찮을까?"

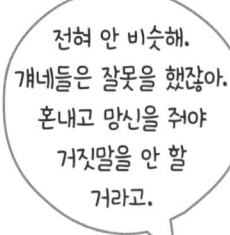

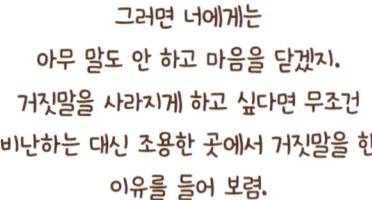

거짓말을 왜 하게 됐는지 이해하면서
상대방의 고민이나 원하는 것에 대해
함께 생각해 봐.
좋은 해결책을 찾을 수 있다면
굳이 마음 불편하게 거짓말을 할
필요가 없겠지.

## 마음의 소리를 듣는 귀

마음의 소리를 듣는 귀를 쓰면
상대방의 마음의 소리를 들으려는
자세를 가지게 된다.
라이온도 거짓말 상담소를 열기 전에
이 귀를 쓰고 다녔다.

친구는 무슨 마음으로
저런 말을 하는 걸까?

## 『라이라이 라이온의 새빨간 거짓말 상담소』
### 감수를 마치며

어른들은 아이의 '거짓말'을 심각한 문제로 생각해요. 거짓말하는 게 습관이 되면 나쁜 인성을 가진 사람으로 자란다고 걱정하지요. 하지만 어른들도 거짓말을 해요. 지금도 누군가는 거짓말을 하고 있을지 몰라요.

거짓말이 나쁜 이유는 좋지 않은 의도를 가지고 있기 때문이라고 해요. 상대를 속여 그냥은 얻을 수 없는 것을 얻으려 한다고요. 하지만 상대를 보호하기 위해 하는 거짓말도 있어요. 그런 거짓말을 '백색 거짓말'이라고 하지요. 좋은 의도로 하는 거짓말을 나쁘다고는 하지 않아요.

거짓말을 두고 좋고 나쁨을 따지는 것은 그리 간단하지 않아요. 거짓말을 하는 목적만이 아니라 거짓말을 하는 사람, 듣는 사람, 앞뒤로 벌어진 상황이 복잡하게 뒤얽혀 거짓말의 의미를 판단하게 되니까요. 그러니 거짓말과 관련된 아이들의 고민이 복잡할 수밖에 없어요. 라이온은 그 복잡한 고민들을 유머와 상상력, 진심 어린 공감으로 너무나 훌륭하게 상담해 주고 있어요. 이런 재미나고도 속 후련한 상담소라면 거짓말을 만들어서라도 찾아가고 싶어질 정도예요.

라이온 상담의 훌륭한 점은 아이와 거짓말을 동일시하지 않는다는 점이에요. 아이의 거짓말을 야단치는 어른들은 거짓말을 문제 삼는 것이 아니라 아이를 '거짓말쟁이'로 여겨 아이가 문제라고 판단하지요. 반대로 라이온은 아이가 거짓말 말고도 많은 것을 가지고 있다는 걸 알고 있어요. 거짓말은 그 많은 것 중

하나일 뿐이에요. 라이온은 아이가 거짓말에 휘둘리는 것이 아니라 거짓말을 잘 다루는 힘을 발휘하도록 조언하지요. 상담 끝에 라이온이 주는 깜짝 선물은 그 힘을 발휘하는 데 꼭 필요한 것들이에요. '불사조 깃털 펜'은 저도 꼭 받고 싶은 선물이에요.

사실 라이온이 거짓말 상담소를 차리기까지 오랜 시간이 걸렸어요. 거짓말과 관련된 실제 아이들의 고민을 모으고 어떤 해결책이 있을지 함께 고민하고 서로에게 조언을 구하는 시간들이 있었지요. 무엇보다 권재원 작가의 분신인 라이온은 아이들의 고민을 제대로 이해하고 글과 그림으로 묘사하기 위해 엄청난 노력을 했을 거예요.

이제 라이온에게는 어떤 선물을 주면 좋을까요? 부모님과 선생님이 라이온이 되는 거 아닐까요? 아이들도 친구에게 라이온의 역할을 해 줄 수 있다면 세상에서 가장 멋지고 귀한 선물이 되지 않을까요? 어떻게 선물을 전해 주느냐고요? 아주아주 쉬워요. 『라이라이 라이온의 새빨간 거짓말 상담소』에서 어떤 거짓말 고민을 어떻게 상담하고 있는지 재미나게 읽는 거예요!

2023년 3월
불사조 깃털 펜이 필요한
김민화

## 작가의 말

진짜 마음과 진짜 모습을 숨긴다는 점에서

거짓말은 가면과 같아.

가면을 쓰면 코도 못 후비고, 밥도 못 먹고,

시원하게 긁지도 못해.

무엇보다 가면을 너무 오래 쓰면

진짜 모습을 드러내는 게 두려워져서

가면을 영영 벗지 못하게 될 수도 있단다.

꼭 필요한 순간이라면 가면을 쓰는 경우도 생기겠지만,

잘못된 가면은 스스로 벗어 던질 수 있으면

좋겠다는 마음으로 이 책을 썼어.

### 지은이 권재원

쌍둥이 아이들과 함께 다양한 것에 대해 생각하며 어린이 책을 쓰고 있습니다.
지은 책으로는 『10일간의 보물찾기』, 『함정에 빠진 수학』, 『살까? 말까?』,
『좋은 돈, 나쁜 돈, 이상한 돈』, 『수집왕』, 『리코더를 불자』, 『4GO뭉치』, 『왜 아플까』,
『침대 밑 그림 여행』 등이 있습니다.


### 감수 김민화

아동학과 발달심리학, 통합예술치료를 전공하고, 현재 신한대학교 유아교육과에서
교수로 학생들을 가르치고 있어요.
책 속의 수많은 이야기만큼이나 한 사람의 마음에는 수많은 이야기가 담겨 있다고 믿어요.
어떤 이야기를 꺼내어 말하느냐에 따라 행복하기도 하고 불행하기도 할 거예요.
가끔 아주 소중한 이야기인데 까맣게 잊어버렸거나 자신 있게 꺼내지 못할 수도 있고요.
어린이들이 더 풍성한 이야기를 나눌 수 있도록 책을 기획하고 쓰고 있답니다.
샘나도록 좋은 어린이 책을 만나면 힘주어 칭찬하면서 말이지요.

**웅진주니어**
**라이라이 라이온의 새빨간**
**거짓말 상담소**

**초판 1쇄 발행** 2023년 3월 30일
**초판 6쇄 발행** 2025년 4월 21일
**글·그림** 권재원
**감수** 김민화
**발행인** 윤승현
**편집장** 안경숙
**디자인** 민트플라츠 송지연
**마케팅** 정지운, 박현아, 원숙영, 김지윤, 황지영
**제작** 신홍섭
**펴낸곳** (주)웅진씽크빅
**주소** 경기도 파주시 회동길 20 (우)10881
**문의전화** 031)956-7451(편집), 031)956-7569, 7570(마케팅)
**홈페이지** www.wjjunior.co.kr
**블로그** blog.naver.com/wj_junior
**트위터** @new_wjjr
**인스타그램** @woongjin_junior
**출판신고** 1980년 3월 29일 제406-2007-00046호
**제조국** 대한민국
**사용연령** 7세 이상

글·그림 ⓒ 권재원, 2023
저작권자와 맺은 특약에 따라 검인을 생략합니다.

웅진주니어는 (주)웅진씽크빅의 유아·아동·청소년 도서 브랜드입니다.
이 책은 저작권법에 의해 한국 내에서 보호를 받는 저작물이므로 무단 전재와 복제를 금하며,
이 책 내용의 전부 또는 일부를 이용하려면 반드시 저작권자와 (주)웅진씽크빅의 서면 동의를 받아야 합니다.

ISBN 978-89-01-26998-6 74180·978-89-01-26997-9(세트)

잘못 만들어진 책은 바꾸어 드립니다.
주의 1. 책 모서리가 날카로워 다칠 수 있으니 사람을 향해 던지거나 떨어뜨리지 마십시오.
     2. 보관 시 직사광선이나 습기 찬 곳은 피해 주십시오.